Simplemente Ciencia

Vuelo

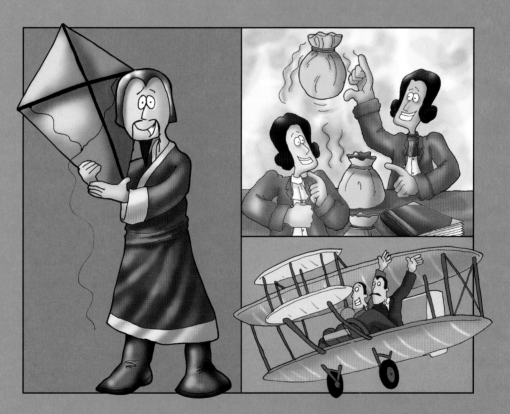

Gerry Bailey

Ilustraciones: Steve Boulter y Xact Studio

Gráficos: Karen Radford

everest

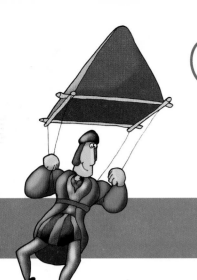

Vuelo

Contenidos

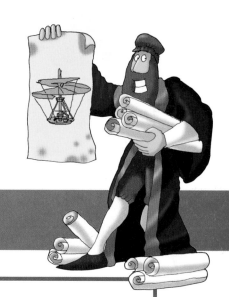

¿Qué es volar?

Volar es desplazarse por el aire. Es algo que pueden hacer los pájaros y algunos otros animales, y algo que la gente siempre ha querido hacer.

Pero, por supuesto, como no tenemos alas, necesitamos ayuda. Y por eso aparecieron maravillosos inventos como el globo aerostático, el planeador o el avión. Ellos hacen posible que tú y yo volemos.

Así que a volar:

como un **pájaro**
como un **globo aerostático**
o como un **helicóptero**
o hasta como un **jumbo**.
Vamos a lanzarnos
al espacio como
un **cohete**.

Los globos se llenan
de aire caliente en
preparación del vuelo.

Aire que pesa

Cuando damos un salto, caemos enseguida. Y no podemos saltar muy alto porque algo hace presión sobre nosotros y nos detiene. Ese algo es el aire.

Quizá cuando mires hacia arriba no veas gran cosa: un pájaro, una nube o un avión, ¡pero eso no significa que no haya nada!

El "aire" que miras forma parte de una capa de gases, llamada atmósfera, que envuelve la Tierra como una manta. Esa capa nos ayuda a conservar el calor y nos protege de los rayos dañinos y del calor excesivo del sol. Cuando el aire se mueve lo llamamos viento, o sea, que puedes sentir la atmósfera.

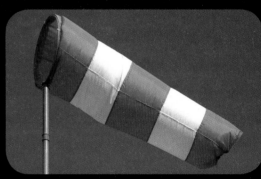

La manga de viento se llena con aire y muestra la dirección del viento.

¿Qué es la presión atmosférica?

Es el peso que la atmósfera ejerce sobre nosotros. Cuanto más nos adentramos en la atmósfera, menos nos comprime, es decir, menos presión atmosférica hay.
Pero al haber menos aire, hay menos oxígeno, ¡y lo necesitamos para vivir!

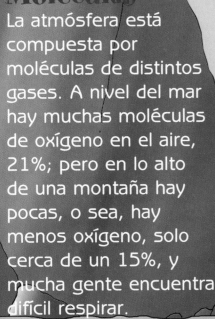

15% de oxígeno en el aire

Moléculas

La atmósfera está compuesta por moléculas de distintos gases. A nivel del mar hay muchas moléculas de oxígeno en el aire, 21%; pero en lo alto de una montaña hay pocas, o sea, hay menos oxígeno, solo cerca de un 15%, y mucha gente encuentra difícil respirar.

21% de oxígeno en el aire

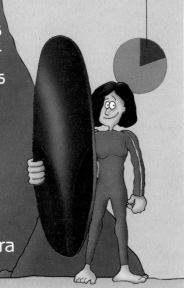

Las cosas ligeras vuelan

La gente pensaba que era posible volar si se pesaba menos que el aire pero, mirando a los pájaros, se dieron cuenta de que la forma de las alas también contaba.

Observaron que los globos llenos de aire se elevaban con facilidad.

¿Cómo se podía volar, entonces?

Máquinas voladoras de Leonardo

Leonardo da Vinci, que vivió en Italia hace unos cinco siglos, fue quizá el inventor más inteligente de la historia.

Leonardo era un genio. Hizo dibujos de varios tipos de máquinas que no se le habían ocurrido a nadie y que no se construyeron hasta varios siglos después. Estas son algunas de sus maravillosas máquinas.

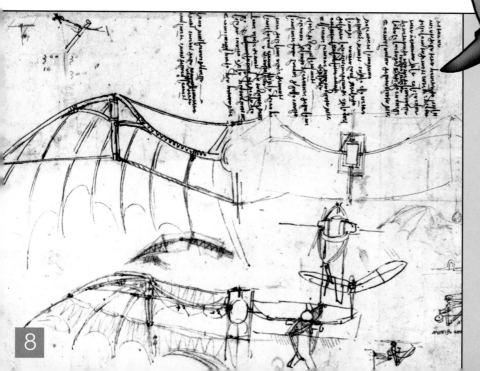

Paracaídas
El paracaídas de Leonardo se valía de un "dosel" en forma de tienda para atrapar aire y lentificar la caída.

Máquina voladora
La máquina voladora de Leonardo se parece al planeador moderno.

Helicóptero

En su diseño de helicóptero, Leonardo incluía un tipo de hélice para elevarlo.

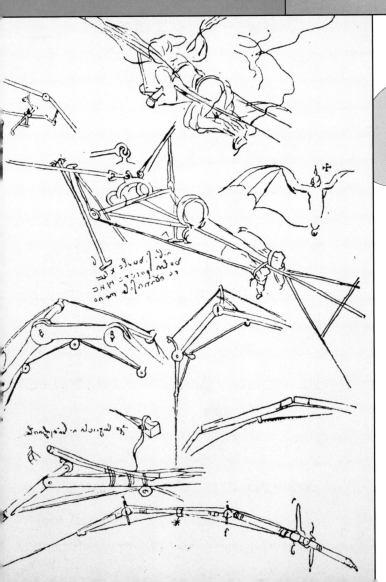

Planeador

El planeador de estos dibujos tiene alas similares a las de los pájaros. Leonardo conocía los principios fundamentales del vuelo, como la sustentación y la aerodinámica.

La cometa

Volar cometas (en Hispanoámerica su nombre es *papalotes*) es muy divertido, pero, ¿sabes cuánto hace que existen? Los científicos creen que se inventaron en China ¡hace dos mil años!

La cometa es un tipo de aeronave. Suele consistir en un material ligero, como tela o papel, estirado sobre un bastidor. Se dirige, o controla, desde el suelo por medio de una cuerda.

Escrito en el viento

1. En la antigüedad los ejércitos carecían de la tecnología necesaria para ver el número de soldados enemigos que se aproximaban. Tenían que verlos, es decir, que acercarse peligrosamente a ellos.

2. Y a veces debían regresar al campamento con la información obtenida, pero ¿qué pasaba si el enemigo estaba ya de camino? ¿Debían volver corriendo entre las filas enemigas?

¡No me apetece nada!

Energía eólica

Las cometas se alimentan con la energía del viento. La energía eólica también mueve los barcos de vela y las tablas de *windsurf*.

3. Podían atarle el mensaje a un pájaro y esperar que volara en la dirección correcta.

4. Y podían agitar una bandera para enviar mensajes, ¡si no hubiera un montón de colinas y árboles por en medio! Entonces a alguien se le ocurrió atar el mensaje a una cuerda muy larga, a modo de bandera muy alta.

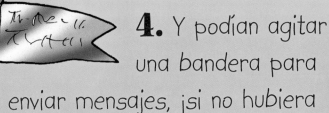

5.
Hicieron un bastidor en forma de cruz y estiraron una tela sobre él. El tejido podía llevar un mensaje, y la "cometa" se controlaba desde el suelo mediante un largo cordel.

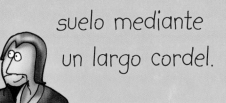

11

El globo aerostático

El globo aerostático es un tipo de aeronave que se eleva con aire caliente. Las primeras personas que volaron lo hicieron en la canasta de un globo aerostático.

> Hoy ves globos aerostáticos gracias a nosotros.

Volar con aire caliente

1. A los hermanos Montgolfier les encantaba la idea de volar. Querían volar ellos mismos.

2. Pero ellos no tenían las alas de los pájaros.

3. Sin embargo, notaron que los objetos ligeros, como las hojas, flotaban en el aire.

4. También observaron que el humo se elevaba y flotaba. Probaron con bolsas llenas de humo y las bolsas se elevaron.

Cómo vuelan los globos

El aire caliente es más ligero que el frío, por lo que se eleva entre el aire frío que lo rodea. Cuando se llena un globo con aire caliente, ese aire eleva el globo y la canasta de los pasajeros.

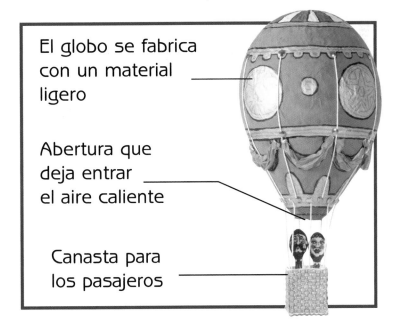

El globo se fabrica con un material ligero

Abertura que deja entrar el aire caliente

Canasta para los pasajeros

5. Entonces descubrieron que era el aire caliente en sí y no el humo lo que las elevaba. Así que las llenaron de aire caliente y comprobaron que subían.

6. Por último hicieron un globo enorme, tanto que podía cargar con una canasta. Lo llenaron de aire caliente colocando un fuego debajo y metieron un pato, una oveja y un gallo en la canasta. ¡Esos animales fueron los primeros pasajeros de una aeronave!

¿Cómo vuelan los pájaros?

¿No sería estupendo volar como los pájaros? Por desgracia, para hacerlo necesitaríamos alas, ya que su forma les permite volar.

La forma de las alas

Las alas disponen de una curvatura suave y aerodinámica. Al moverse por el aire, el ala lo corta en dos corrientes: una que se desplaza sobre ella y otra que pasa por debajo.

El aire que pasa por encima se dobla en la parte más alta del ala y tira del aire superior, haciendo que se mueva hacia abajo y con más rapidez. Este aire de movimiento rápido tiene menos presión que el aire de movimiento lento que pasa bajo el ala. La mayor presión del aire inferior empuja hacia arriba.

Las dos corrientes de aire se mueven de manera distinta y es esto lo que ayuda a "elevar" el ala.

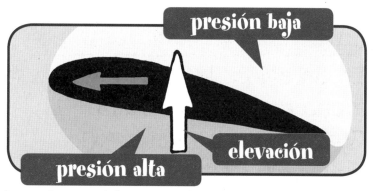

La elevación se debe a la curvatura del ala desplegada y la combinación de presiones del aire

Las alas de los pájaros que planean, como esta águila, inspiraron el diseño de máquinas voladoras.

presión baja

En un avión, las alas equivalen a una enorme "cuchara". Cuando recogen aire, o lo empujan hacia abajo, la presión de este disminuye sobre el ala y eso ayuda al despegue.

Un pájaro especial

El colibrí puede mantenerse en el aire rotando las alas muy deprisa en forma de ocho. ¡Algunas especies baten las alas más de ochenta veces por segundo!

Volar como los pájaros

1. Los hermanos estadounidenses Orville y Wilbur Wright fabricaban bicicletas, pero su verdadera pasión era el vuelo. Conocían los globos aerostáticos, pero deseaban inventar una aeronave que pudiera pilotarse.

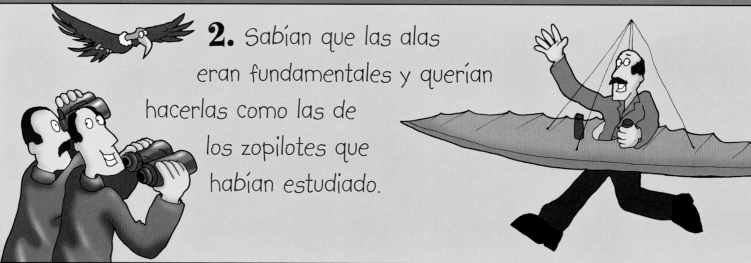

2. Sabían que las alas eran fundamentales y querían hacerlas como las de los zopilotes que habían estudiado.

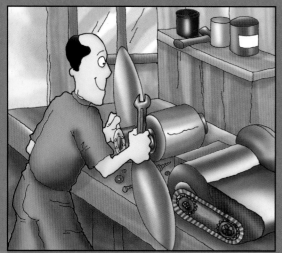

3. También debían instalar un motor para girar la hélice, que actuaba como unas alas rotatorias y era necesaria para remontar el vuelo.

4. Los hermanos diseñaron y construyeron una aeronave ligera de cuatro alas, y en 1903 consiguieron volar en el primer avión propulsado de la historia.

El avión

El avión es una aeronave más pesada que el aire, provista de alas y propulsada con motor.

Los inventores estadounidenses Orville y Wilbur Wright idearon el primer avión. Para ello estudiaron los zopilotes y averiguaron qué formas de ala funcionaban mejor. Estaban decididos a marcar un hito en la historia de la aviación.

En los primeros aviones se imitó el diseño ligero del exitoso avión de los hermanos Wright.

Controlar el vuelo

Los hermanos Wright y los inventores posteriores tuvieron que mejorar y añadir bastantes detalles para que el vuelo propulsado resultase más sencillo y más seguro. Aquí están algunos de ellos.

Los controles

Los Wright no solo construyeron muchos aviones propulsados por motores de hélice, sino que inventaron modos de controlarlos cuando estaban en el aire. Los flaps suben y bajan el morro, permitiendo que el piloto ladee el avión o baje en picado. El timón lo gira a izquierda y derecha.

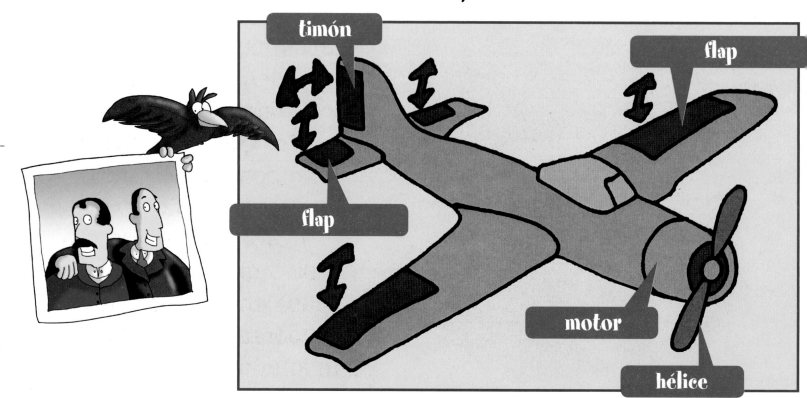

timón

flap

flap

motor

hélice

Hélice

La hélice, equivalente a unas alas, sirve para propulsar el avión. Los cazas como el Hurricane la llevaban en el morro, así que los ingenieros debían comprobar ¡que la ametralladora no le diera!

Ruedas y flotadores

¡Aterrizar con seguridad es casi imposible si el avión tiene que patinar hasta detenerse! Por eso se añadieron ruedas al tren de aterrizaje. Como el hidroavión no aterriza sino que amara (se posa en el agua), lleva flotadores fijados a la parte inferior.

Formas aerodinámicas

Con el tiempo, los aviones se volvieron más aerodinámicos y fáciles de pilotar. *Aerodinámico* significa que tiene la forma adecuada para vencer la resistencia del aire.

También eran más rápidos y seguros. Cuanto más aerodinámico es un avión, más deprisa va.

Estos primeros aviones se llamaban biplanos, porque tenían cuatro alas en dos planos paralelos. No eran muy veloces.

Los grandes aviones de mercancías y pasajeros necesitaban más potencia, por lo que llevaban dos o cuatro motores en las alas. Los primeros eran poco aerodinámicos.

También los cazas de la Segunda Guerra Mundial eran aerodinámicos. Su capacidad de maniobra, muy superior a la de otros aviones, resultaba muy útil en los combates aéreos.

Este Airbus A380, de forma aerodinámica, alcanza una velocidad de crucero muy alta.

¡Así! ¡Tiene todo que ver con la aerodinámica, eh!

Propulsión a chorro

Cuánto más pilotos volaban, más rápido querían ir. Los motores de hélice aumentaron de tamaño para obtener más potencia, pero los diseñadores de aeronaves conocían un procedimiento que permitiría mayor velocidad y hasta líneas más elegantes: la propulsión a chorro.

En lugar de hélice, el motor de reacción necesita quemar combustible y oxígeno para obtener gas caliente. Cuando ese gas sale despedido por detrás del motor, en este se produce una reacción contraria que lo empuja hacia delante.

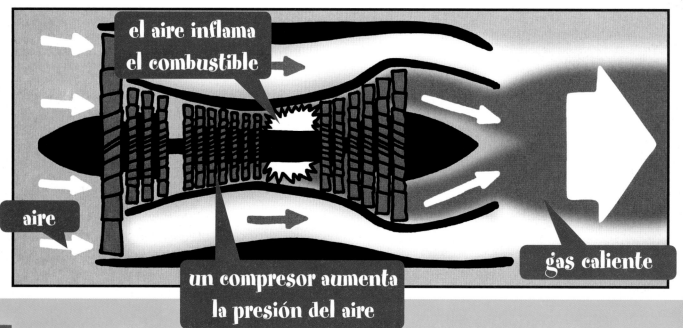

el aire inflama el combustible

aire

un compresor aumenta la presión del aire

gas caliente

Los aviones con motor de reacción pueden superar la velocidad del sonido, es decir, ¡los 1200 kilómetros por hora!

El cohete

Una vez que conquistaron el aire, los pilotos empezaron a mirar más allá. Quizá pudieran viajar al espacio, pero necesitarían algo potentísimo. ¡Necesitaban un cohete!

La propulsión del cohete

Un cohete es una astronave alimentada por gases que se inflaman. Utiliza un combustible, como el hidrógeno, que se mezcla con oxígeno. El combustible puede ser sólido o líquido.

Cuando el oxígeno y el combustible se mezclan, se inflaman y se expanden (aumentan) muy deprisa. La expansión crea una enorme fuerza, o explosión, que empuja el cohete hacia delante. Este empuje es la propulsión del cohete.

1. Los científicos querían una nave que llegara a la Luna, pero necesitaban muchísima energía para alejarla de la Tierra.

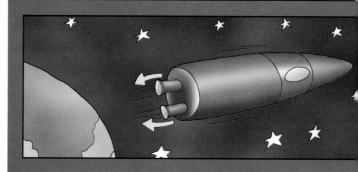

2. Si el combustible explotaba, la expansión del gas propulsaría el cohete.

Una explosión controlada

3. En 1926 un científico llamado Robert Goddard diseñó el primer cohete de combustible líquido, pero era muy pequeño.

4. En 1932 construyó otro mayor en el que incluyó alerones y controles de estabilidad. Sin embargo, tan solo voló 60 metros.

5. Pero Goddard demostró que los cohetes funcionaban. Y tanto: en 1969 permitieron ir a la Luna y volver.

Aviones de combate

Quizá los aviones más impresionantes sean los de combate. Son rápidos, vistosos y hacen un ruido ensordecedor.

Cazabombardero Lancaster

Los Lancaster cruzaron Europa para bombardear Alemania en la Segunda Guerra Mundial. También disponían de torretas con ametralladoras para combat a los aviones enemigos.

Triplano Fokker

El Fokker participó en la Primera Guerra Mundial. Estaba equipado con dos ametralladoras y alcanzaba 200 kilómetros por hora.

Hawker Hurricane

Los cazas Hurricane derribaron la mayor parte de los bombardero alemanes durante la Batalla de Inglaterra, en 1940. Los mecánicos solían manipular las ametralladoras para que los pilotos pudieran acercarse al objetivo más de lo que era prudente.

Sabre
El estadounidense Sabre fue uno de los primeros cazas de propulsión a chorro.

B-52
El bombardero B-52 voló en la guerra de Vietnam, pero se continúa utilizando.

Blackbird
El Lockheed SR-71 Blackbird batió el récord mundial de velocidad en 1976, al alcanzar 2 193 kilómetros por hora.

El helicóptero

Los aviones son geniales para volar pero necesitan una pista larga para aterrizar. El inventor ruso Igor Sikorsky pensó que sería buena idea inventar una aeronave que despegara y aterrizara en vertical, y así nació el helicóptero.

Leonardo da Vinci diseñó un helicóptero mucho antes que Sikorsky, pero el ingenio nunca se construyó.

Igor Sikorsky vuela en su primer helicóptero.

El VTOL

El helicóptero es un vehículo VTOL, siglas inglesas que significan "despegue y aterrizaje vertical". El rápido giro de las palas disminuye la presión del aire superior, porque lo mueve muy deprisa. De hecho, actúan como un ala: aumentan la presión del aire inferior para que empuje el helicóptero hacia arriba.

Máquinas multiuso

Los helicópteros avanzan, retroceden y se mantienen en el aire. Llegan a lugares inalcanzables para los aviones, por lo que tienen muchos usos, como transportar soldados y protegerlos desde lo alto o rescatar gente de sitios peligrosos.

Prueba de vuelo

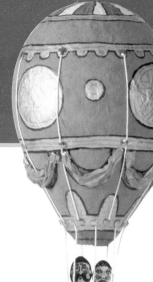

1. ¿Qué clase de motor llevan los aviones modernos?

_____

2. ¿Qué elementos del avión suben y bajan el morro?

_____

3. ¿Puede volar hacia atrás el helicóptero?

_____

4. ¿Qué inventor diseñó el primer helicóptero?

_____

5. ¿Cómo se llama el peso que el aire ejerce sobre nosotros?

6. ¿Qué parte del avión hace que se eleve?

---

7. ¿Por qué vuela el globo aerostático?

---

8. ¿Quiénes inventaron el primer avión propulsado?

---

9. ¿Qué avión batió el récord mundial de velocidad en 1976?

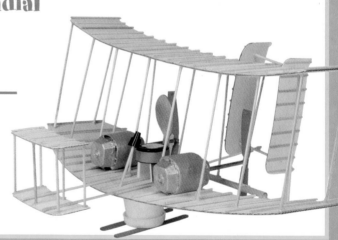

10. ¿Qué mezcla se explota para enviar un cohete al espacio?

1. De reacción 2. Los flaps 3. Sí 4. Leonardo da Vinci 5. Presión atmosférica 6. Las alas 7. Porque el aire caliente es más ligero que el frío 8. Los hermanos Wright 9. El Blackbird 10. Hidrógeno y oxígeno

Índice